dream

廣瀬裕子
Yuko Hirose

集英社

special thanks to 井出直美
designed by Yoshiro Nakamura / yen

contents

dream

step 01

思いえがく

はじめにするのは、思いをえがくこと。
自分のこころのなかに、しっかり。

ふっとうかんだこと
なんとなく、やりたいと思ったこと
こうなったらいいと考えたこと
思いうかんだいくつかのことをしっかり、思いえがく。

思ったことをそのままにしておくと
思いつきだけで終わってしまう。
しばらくして「あのとき、そんなことを思っていたなあ」と
思い出すだけになってしまう。

だけど、しっかり思いえがけば
ふっとうかんだことでも、現実にしていくことができる。

やってみようと思えるようになったり
かなえられそうな気持ちになったり
なにより、未来の自分を想像するのは、たのしい。
思いえがけば、えがくほど、思いと自分がちかづいていく。
人は、考えていること、思っていることで、行動が決まるから。
だから、しっかり、思うことが大事。

思いえがくことは、
スタートラインにむかって歩きはじめること。
思いをイメージしたら、あとは、スタートすればいい。
自分の思う場所にむかって。

step 02

見つめる

こころのなかに、頭のなかに、うかんだことを見つめてみる。
どうして、そんなふうに思ったんだろう、感じたんだろう、と。

「なんとなく」と、はじめは思ったことでも
見つめてみると、こころの奥で
ずっと、望んでいたということがある。
「そういえば、前から、そう思っていた」ということもあれば
「同じことをよく考えている」と気づくこともある。
人は、ときどき、自分の思いを
無意識に気づかないようにしてしまう。
気づいてしまうと、大変だから。

だけど、見つめてみると、わかる。
ほんとうに思っていること。
ずっと感じていること。
やってみたいと願っていること。

それは、神さまがくれるメッセージのよう。
「そろそろ、気づきなさい」とメッセージを送ってくれている。

だから、ときどき、ふと思うことを
そのままにしないで、見つめてみる。
気づけることがあるかもしれない。

こころの奥には、自分が望んでいること
かなえてみたいと思っていることが
見つけてくれることをしずかに待っている。

step 03

探す

やりたいことが見つかったら
どうすればかなうか、方法を探す。
待っているのではなく
自分から「かなえ方」を探すことが大事。

やり方に決まったルールはない。
自分が見つけた方法が、1番のやり方。

かなえるための方法はいくつもある。
人に聞く、本を読む、インターネットを使う。
たくさん見つかったら
そのなかから自分に合いそうなものを選べばいい。
もし、ひとつしか見つからなかったら、その方法でやればいい。
自分で考えて、つくりだすことだってできる。
どれもが、正解。

なにかをかなえるために「かんたんで近道」が
いいと思うこともあるけれど、
それが、ほんとうにいいかどうかは、わからない。
もちろん、早く、かなうことは、うれしいことだけれど、
たとえ、時間がかかったとしても
そのなかで得ること、学ぶことはたくさんある。

いろいろな人たちと出会える。
時間がかかった分、しっかり足元がかためられる。
途中で、ちがう道に出合うこともある。
「遠まわり」と感じたことも
実は遠まわりではなかった……というのは、たくさんあること。

自分で探せば、その人に合った方法、その人らしいやり方が、
自然と見つかるようになっている。
あとからふり返ると「ああ、そうか」と思う。

かなえる方法が見つかったら
あとは、そのやり方で進めばいい。
夢は、かなえることが、ひとつの目的だけれど
その間に通りすぎていくこと、感じることも大切。
そのときに手にしたものは、いつだって、自分の糧になる。

step 04

決める

気持ちを決める。
やりたいことがあって、それをかなえたいと思うなら。

気持ちが決まっていないと
なにかあると、すぐ、立ち止まってしまう。
ちいさなトラブル、大きな問題。
ぐらぐら気持ちがゆれる。
そのたびに、やめようと思う。
ほんとうにやめてしまうことだって、ある。

それは、気持ちが決まっていないから。

強い思いがあれば、すこしのことでは、あきらめない。
トラブルや問題が起きても
前に進もうという気持ちは、変わらず持ちつづけていられる。

なにも問題なく進むなんて、まず、ない。
なにかうまくいかないことに出合うたび
「やめよう」と思っていたら
いつまでたってもかなえられない。
思い通りにいかなければ、そこで考えて、
気持ちを切りかえて、また、進めばいい。

問題や悩みは、だれにだってある。
そのなかで「どうしよう」と考えるから、道はひらける。
その力をくれるのが「気持ち」。
強い気持ち。変わらない気持ち。

気持ちが決まれば、あとから、いろいろなことがついてくる。
だから、まず、気持ちを決めること。
「これで、やろう」と決心して
自分の体とこころに、つたえること。

ほんとうにかなえたいこと、こころから思っていることは、
自分自身が、知らないうちに
かなえられる場所に連れていってくれる。
だれのなかにも、その力がある。
その力を信じて、気持ちを決める。

step 05

ふみ出す

1歩、足を前に出す。
そうすると、つぎの1歩が出てくるから。

なにかをはじめるとき、
まずは、1歩、ふみ出すこと。
そうしないと、つぎにつづいていかない。
1歩、歩きださないと、ずっと、その場所に立ちつづけたまま。

えいっとふみ出すことができる人もいれば
おそるおそるという人もいる。
どちらでもいい。
どんな1歩でもかまわない。
大事なのは、その1歩がふみ出せるかどうかだから。

1歩もふみ出さないで
「ああしたい」「こうなればいい」と思っても、なにも変わらない。
やりたいこと、かなえたいことがあるなら
ときには、自分が、変わることも必要。

同じ場所にいても、ふみ出さなければ
時間が、ただ流れていくだけ。

手にしている時間は、永遠ではない。
まわりの状況だって、自分だって、変わる。
「今度」「いつか」と思っていたら
その、今度も、いつかも、やってこないかもしれない。

ふみ出せば「なんだ、たいしたことない」
「心配していたほどではない」と思うこともある。
その1歩がきっかけで、どんどん進めることもある。

まずは、ふみ出すこと。
勇気をだして。

その1歩が、自分の未来につながっていく。

step 06

やりたいことをする

ほんとうにやりたいことをする。
ほんとうにやりたいものを目ざす。

「むずかしそうだから」と
最初から目標をさげることはしなくていい。
「ムリだと思う」というだれかの言葉を
そのまま聞き入れてしまうこともない。

「こうしないといけないから」
「こうしろと言われたから」
「いまさら、そんなことできない」と思わず
ほんとうにやりたいことをする。

「大変そうだから」と、かんたんな選択ばかりしていると
そういう選択しかできなくなる。
ラクなことしか選べなくなる。
「ほんとうの自分はちがう」と思っても
現実は、そういう自分になっている。

自分がやってみたいことをまず、する。
ほんとうにやりたいことに時間をかけてみる。

やりたいことをしていくために、自分の時間はある。
やりたいこと、やっていることが、
自分自身をつくっていく。

step 07

理由を挙げる

できる理由。できない理由。
どちらも挙げることができる。

やりたいと思ったこと。
こうなりたいと思ったこと。
そのあと、考えるのは、どうしたらできるか、ということ。
それと同時に、できない理由を考えてしまうことがある。

時間がないから。家族に反対されているから。
うまくいく自信がないから。
そのときではないから……。

できない理由は、いつのまにか、しなくていい理由になる。
だけど、その言いわけは、ほんとうのできない理由ではない。
自分でできない理由を見つけて
やらなくていいことにしているだけ。

時間がないなら、時間をつくればいい。
家族の理解がないなら、理解してもらえるようにすればいい。
そのときではないなら、いつだったら、そのとき?
だれかに「そんなことを」と言われて
「ムリかもしれない」と、思ってしまうときもある。

できない理由を挙げてしまいそうなとき。
そういうときは、反対にできる理由を思いつくだけ挙げてみる。
できない理由にしていることの反対を考えてみる。

大変だと思ってしまうことは、
試せることをたのしみだと思えばいい。
時間がかかることは、
自分のペースでやれると考えればいい。
なかなか理解してもらえないなら
かなえてみんなをおどろかせてしまおう、と思えばいい。
ムリかもしれないことは「やってみたらわかる」と考えればいい。

できる理由を挙げていくと、なんだかできそうになってくる。
そう。自分に必要なのは、いつだって「できる理由」。

step 08

変わる 変える

自分を変える。
いままでの習慣、時間の使い方、考え方、ものごとの受けとめ方。
そういった数々のこと。

なにかをしたいとき、ちがう方向にいきたいとき。
それまでと同じことをしていたら、できないことがいくつかある。
そのために、変わる。変える。

ちいさなことを変えるだけで、いいこともあれば
大きなことを変えていかないといけないこともある。

習慣になっていることを変えていくには
時間も、気持ちの切りかえも必要。
だけど、目的があるなら、そうしていけるように。

時間をかけないとできないことなら、時間をつくる。
1日、24時間。それは変えられない。
だから、そのなかで、自分の時間をつくりだす。

そのためにすることはなんだろう？
できることはなんだろう？

早く起きて時間をつくる、ちょっとした時間を使う。
なにかをやめて、その分の時間をあてる。
短い時間を集めて、そのなかでやる。方法はいくつかある。
いままでの習慣を変えれば、できること。

考え方も、ものごとの受けとめ方も、同じ。
だれにだって、考え方の習慣がある。
ときには、その習慣も変える必要だってある。

変えようと思えば、すこしずつ変わっていく。
よくない習慣をつづけるのは、
夢をかなえるためには、あまり必要ない。
それよりも、かなえられるようにしていくほうが、ずっと、大事。

step 09

「できる」と思う

「できる」と思う。自分なら。
時間がかかっても、途中で休んでも
まよっても、立ち止まっても「できる」と思う。

自分で自分を信じて
「大丈夫」と思うこと、思えることが「できる」につながる。

困ったことが起きても
「できる」と思っていたら
なんとか切りぬけていくことができる。

最初から、できないと思っていたら
立ちむかう気持ちも、やりぬく力も、アイデアもうかんでこない。
でも「できる」と思っていたら
「なんとかなる」と思っていたら
どうにかしようという気持ちがわいてくる。

ほんとうの自信は、時間をかけて築いていくもの。
だけど、その前に、自分を信じる必要がある。
そうすれば、時間をかけて、自信を築いていけるようになる。

「わたしなら、できる」
言葉にして、言ってみる。
「できる」と思えるようになってくる。

step 10

順番を決める

限られた時間と自分の力でなにかをするには
はじめに、やることの順番を決める。
大事なこと、早くやったほうがいいことを見きわめて
それから取りかかる。

先にやらないといけないことのなかには
ちょっと大変なことやめんどうなこともある。
後まわしにできたらいいなと思うこともある。
そう思ってしまうからこそ、順番は大事。

「そのうち」と思うものほど、大事なことがある。
「先にやっておけばよかった」とあとから思っても
時間は、元にもどらない。

先にやらなければいけないことが
たとえ、大変なことだったとしても
それが一生つづくわけではない。
そう思えば「やってしまおう」と思える。

先にやったほうがいいものがなにかは
かなえたいこととむき合えば、わかる。
必要なことをリストアップしていく。
そのとき、そのときで、考えていく。

1日のなかで計画すること。
1週間、1か月、3か月、半年、1年。
長いスパンでやることと短い期間でやることを決める。

時間をかけてやるには、つづけられるような計画を立てる。
ムリをしすぎない、細かく決めすぎない。
反対に短い時間でやることは「えいっ」と、やってみる。
集中することが必要。

急いでやらないといけないこと。あとからでもできること。
時間が決められていること。予定がはっきりしていること。
自分の気持ちだけで決められること。
ほかの人と関係していること。

順番を決めるのは、
夢にちかづくためのカレンダーをめくること。
やれた分、カレンダーをめくる。1枚、1枚……。
カレンダーが終わりになるころ、夢がかなう。

step 11

自分のためにする

自分のために夢をかなえる。
だれかのためというのではなく自分のために。

身近な人がよろこびそうだから
家族がいいと言うから
人に自慢できるから、うらやましがられるから。
そんな理由ではなく、自分のために夢をかなえる。

かなうまでの時間も、かなってからの時間も
自分が手にしている大事な時間。
自分の時間を使ってよかった、と思えるようでありたい。
そうすれば、たとえ
目的地とすこしちがうところにたどり着いたとしても
時間がかかったとしても、すこし大変でも
自分のためにしてきたこと、自分が決めたこと、
そう、思うことができる。

期待に応えたいと思う気持ちと
自分の思いがちがうとき、
そんなときは、自分の思いを優先していい。
自分がしあわせでいられることをすればいい。
充たされることを選べばいい。

夢は、その人の一部。
その人そのものでもあるのだから。

step 12

はじめてみる

想像するのと実際やってみるのとは、ちがう。
頭のなかで考えて「こうして、ああして」は
かんたんにできる。予定通りにいく。
だけど、実際にやってみると、そんなことばかりではない。

思いがけないことが起きる。
最初に考えていたようにいかないこともある。
こんなことが……と、おどろくことだってある。

反対に心配していたこと
時間がかかると覚悟していたことが、
スムーズにいくこともある。

どちらにしても、はじめてみてわかること。

動きだしてから、知ることはたくさんある。
「こうすればいいんだ」
「こうしたらよかったんだ」ということも
やってみたことで、見えてくる。
経験は、1番の先生。

「こうして、ああして」と想像して、
計画することは大事かもしれない。
失敗しないように慎重に進めることも必要かもしれない。
だけど、はじまってからわかること、
知ること、学ぶことは、それ以上。

はじめてみて、わかること
自分のなかを通りすぎていったことが
つぎへつながっていく。
だから、想像するより、考えすぎるより
まず、はじめてみる。

step 13

できることからする

かなえたいことがわかったら
夢にちかづけるように、動いていく。
そのためには、できることからしていく。

ちいさなことでいい。
ちかくのこと、ちいさなことをつづけることが
大きなことにつながっていく。

大きなことだけを見ていたら
なかなかたどり着けないときがある。
だけど、ちいさなことなら、できることがいくつもある。

「これができたら、つぎ」
「そして、つぎ」と、つなげていく。
それが、やがて、大きな力になる。

遠くにある大きな目標も大事。
だけど、そこにたどり着くには
ちかくにある、できることをひとつずつやっていくことが必要。

できないことを数えるより
できることを見つけて、ふやしていく。

大きな目標にちかづくためには、
ちいさな積み重ね、できることをするのが大事。
なにができるか、考えてみる。想像してみる。
そして、自分でやってみる。

step 14

習慣にする

慣れてしまえばいいことがある。
いつものようにやるだけ。
体がおぼえていることをやるだけ。
そんなふうに。

習慣になれば、いろいろなことが、ラクにできる。
何時から何時は、まいにち、そのことをやる。
週に1度、なにかをする。
10日に1回は……と、そんなふうに。

慣れてしまえば、つづけられるようになる。
いい意味で自分のルールをつくる。
生活の一部にしてしまう。

ずっと同じではいられないけれど
ある時期、あるところでは、そんなルールも必要。

習慣にすることで、
体とこころが、それについていけるようになる。
いつもと同じ、いつものようにやるだけ、は
できるという自信につながる。
力をつけてくれる。

習慣になるまでは、時間がかかるけれど
習慣になったら、あとは、大丈夫。

できなかったことが、できるようになっていく。
むずかしかったことが
ある日、できるようになっている。

step 15

がんばる

だれにでも、どんなときでも
うまくいくときもあれば、そうでないときもある。

うまくいっているとき、問題がないときは
そのまま、やれることをやればいい。
そのときに必要なことを、ムリなく、つづけるようにする。

でも、そうではないときもある。

がんばらないといけないとき。
にげてはいけないとき。
うまくいかないとき。
そういうときに、できるかどうか——。

大事なとき、そのことに気づけないと
大切なものをなくしてしまう。
にげていたら、また、同じ課題がどこかからやってくる。
だれにでも、人生のなかで
こなさないといけない課題があるから。

いつもは、のんびりしていても
そういうときは、がんばってみる。
大変だけど、いつもより多く力を使ってみる。
できそうにないことだとしても、やってみる。
そんなことも、すぎてしまえば
なつかしく思えるようになるから。

だれにでも、自分の力以上に
がんばらないといけないときがある。
超えなければいけないときがある。

がんばるときにがんばれる自分でいたい。
そういう自分をつくっていきたい。

step 16

あきらめない

こころのどこかでいつもおぼえておくこと。
あきらめない、ということ。

自分のやりたいこと、進みたい方向。
こうしていきたいという気持ち。
そのこと、すべてを。

うまくいかないと、あきらめてしまう。
やめてしまう。
そのほうが、ラクに思えるから。
だけど、あきらめることは、かんたん……なんて、ちがう。
ほんとうは、とてもむずかしい。
それは、やりたかったことを閉じこめてしまうこと。
思いつづけていたものをわすれてしまうこと。
思いえがいた未来を消してしまうこと。

なにかをかなえたいとき。
ムリをしなくていいから、あきらめないでいたい。
できないとき、つかれたときは、休めばいい。
立ち止まってしまっていい。
そして、また、できるときがきたら、はじめればいい。

ムリをしないことと、あきらめることは、ちがう。
あきらめてしまったら、そこで、終わってしまう。
なにかが、自分のなかで。

休みながらもつづけていけば、形になるときはくる。
あきらめない。その気持ちが、夢にちかづく。

step 17

言葉にする

「こうしよう」と決めたことは、言葉にしてみる。
だれかに話してみる。
声にだして、自分自身に言ってみる。

言葉にすることで見えてくることがある。
考えがまとまる。形が見えてくる。
話しているうちに、別々にあったものが
ひとつにまとまることもある。

自分ひとりでやろうと思っていたことも
話すことで、手つだってくれる人が現れるかもしれない。
もっと、いい方法を教えてくれるかもしれない。
話しているうちに、決心がかたまるかもしれない。
言葉にすることで、もっと、具体的に見えてくることもある。

進みたい方向。やりたいこと。選んでいくべきもの。
そういうことが、はっきりすることもある。
反対に、必要ではないことが見えることも。

思いや考えを胸のなかにしまって
ひとりでやっていくのもひとつの方法。
だけど、言葉にすることで、広がっていくこともある。

だれかに対して、自分に対して、言葉にしてみる。
「こうしよう」「こうしたい」と。

言葉には、目には見えない力がある。
言葉にすることで、新しい力が動きだす。

step 18

気づく

だれにも生まれもって与えてもらっているものがある。
いいところ。得意なもの。そういうもの。

自分で、いいところを見つけられるときもあれば
自然に得意なことを選択していることもある。

やるべきことが用意されているように
むこうからやってくるときもあれば
やりたいと思ってやっていたことが
あとから気づくと、むいていることだったということもある。

気がついたら「そこにいた」というとき。
「手にしていた」というとき。
それは、与えてもらったものかもしれない。
やっていて「たのしい」というとき
「おもしろい」というとき
それも、受けとっているものかもしれない。

自分の得意なものは？
ずっとつづけていける自信があることは？
一生をかけてやってみたいと感じるものは？

やっていて、時間が経つのをわすれる。
ずっとやっていたいと感じられるものがあれば、それが、そう。

自分のしたいこと、得意なこと、するべきことを
見つけられるのは、しあわせなこと。
与えてもらったものを、存分に役立てることは
自分を「生かす」こと。

才能とよばれるものは、神さまから与えられたもの。
気づいて、見つけて、育てていく。
それは、みんなのなかに、それぞれある。

step 19

たのしくする

たのしくなることをする。
たのしくなるようにする。
つづけるためには、大切なこと。

すきなこと、たのしいことならやっていける。
ほかの人から見たら大変なことでも
自分がすきなら、その大変さをあまり感じない。
反対にすきではないのに、イメージだけで
「いい」とか「よさそう」は、長つづきしない。
だから「たのしい」と感じられることを見つけてやっていく。

はじめは、それほどたのしくなくても
つづけているうち、たのしいと思えるようになることがある。
やりつづけているうちに
そのなかにたのしさを発見することもある。
できるようになると急におもしろくなるときもある。

最初からたのしいこと、すきなことをできる人は、そういない。
みんな時間をかけて、つづけて、手にしていく。
それは、自分にしかできないこと。

たのしくできるように。
たのしいと思うなかにいられるように。
ものごとのなかにたのしみを見つけられるように。

step 20

応援してもらう

どんなことをするときも
応援してくれる人、反対の人、それぞれの人がいる。

自分の気持ちがしっかりしていれば
どちらの声も、ひとつの意見として聞くことができる。
受けとめることもできる。聞き流すこともできる。

でも、気持ちがかたまっていないと
いろいろな意見に流されてしまう。

応援してくれる人の意見を聞くと「できそう」と思えるし
反対の人がそばにいると、やろうと思った気持ちがうすれてくる。
自分にとって、どちらが、ほんとうの意味を持つんだろう？

相談にのってくれる人。
困っているとき、助けてくれる人。
話を聞いてくれる人。
「大丈夫」と言ってくれる人。
みんな、それぞれ応援の形。

応援してくれる人がちかくにいれば、やっていける。
立ち止まっても、そのとき、そのとき、力を貸してくれる。

応援してくれる人を見つけられるように。
ときどき、その人の力を貸してもらえるように。

自分ひとりでできないときも、だれかの力があれば
進んでいくことができる。

step 21

こわがらない

いままでとちがうところにいくことをこわがらない。
新しい人たちと出会うこと。知らないことをすること。
はじめての場所に立つこと。

ずっと同じところにいたら、ラクかもしれない。
いつもと同じことをやればいいのだから。

だけど、なにかをはじめたら
そこから出ていかないといけないときがある。
広げていくために、つぎにつなげていくために。

新しい人に会うときは、緊張する。
新しいことをはじめるときは、力がいる。
はじめての場所に立つときは、どうなるかわからない。
だから、不安になる。こわくなる。
先回りして心配しすぎてしまう。

だけど、ときには、慣れたところから
出ていかないといけないこともある。
未来につなげるため。
思いを形にするため。

はじめてのことをするとき、新しい場所にいくとき。
だれだって、こわい。心配になる。
それが当たり前。
こわいから、やめるか。
こわくても、やるか。

ほんとうにこわいのは、こわいと思ってやめてしまう
自分のなかにある気持ちかもしれない。

step 22

自分を知る

自分のいいところ、そうでないところを知っておく。
客観的に見るのはむずかしい。
だけど、行動を思い返すと、わかることがある。

なにか言われると「もう、いいや」と思ってしまうところ。
はじめる前に、結果を予想してしまうところ。
あとのことを考えずに、とにかく進めてしまうところ。
だれかに言われないとできないこと。
最初はいいけれど、最後までつづかないところ。
それぞれ、いいところとそうでないところがある。

なかなか変えられないことも多い。
わかっているようで、わからないこともある。

考え方のクセ、ものごとのとらえ方。
つい、やってしまうこと。
習慣になっていて気づかないこと。
性格もあれば、育ってきた環境や
まわりの影響でつくられるところもある。
人と人との関係によっても変わる。

自分のちょっとしたクセを知っていると役に立つ。
ものごとに取り組むとき、同じ場面に出合ったとき
「ああ、そうか」と思って。

「この前はこうしてしまったから、今度はこうしよう」と思えたり
「つぎは、もうすこしがんばろう」と考えられるようになったり。

自分を知ることは、自分を前に進めてくれる。
「いつものところ」から、すこし先に連れていってくれる。

step 23

時間をかける

すぐにかなえられないことは、たくさんある。
なかには、思っていたより
早くできてしまうこともあるけれど
大抵のことは時間がかかるし、終わりが見えない。

「時間がかかるのが当たり前」と思っていれば
必要以上に急がなくてすむ。
あせらなくていい。

同じことでも、半年でできる人もいれば
1年でできる人、3年かかる人もいる。
もっと長い時間、費やすことだってある。

時間は、かかったとしても
そのなかで「どうしていけばいいか」を考えればいい。
そうすれば、ゆっくりでも、確かに進んでいける。

大切なことは、一生をかけてやることが、ほとんど。
そう思っているくらいで、ちょうどいい。
だから、時間をかけることをムダだと思わないでいたい。

「早く、早く」は必要ないし
だれかとくらべることもない。
自分の時間を目一杯、使えばいい。

step 24

工夫する

工夫する。
とても当たり前のこと。
だけど、ときどき、わすれてしまう。

うまくやるために、どうすればいいんだろう？
かなえるためには、なにをすればいいんだろう？
どういう方法があるんだろう？

「どうしよう」と悩む前にできることは、ある。
そこで立ち止まるのではなく、
どうすればよくなるか、というところに気持ちを切り替えていく。
考えをいい方へシフトさせていく。

「もう、おそい」と決めつけないで、聞いてみる。
「できない」と思いこまないで、動いてみる。
悩んで、考えこんでしまう前に工夫できることをやってみる。

悩んでもなにも解決しない。
いい方へ進むには、考えて、工夫して、やっていくだけ。

これがダメなら、こうやってみたらどうだろう。
こうしてみたらうまくいくかもしれない。
そんなふうに想像して、できる可能性のあることを
いろいろ試すことが、つぎにつながる。

工夫をしばってしまうのは
「そんなことできない」「やったことがない」という言葉。

できなければ、工夫すればいい。
やったことがないなら、試せばいい。

工夫って、そういうこと。

step 25

確かめる

まちがっていないか確かめる。
目の前にあること。
すぎ去ったこと。
これから、むかえること。

一所懸命、なにかにむかっていると
まわりのことが目に入らなくなってしまう。
見落としてしまうこともあれば、
すぎてしまったこととして、気にしないこともある。
だけど、確かめることは、ときどき必要。

自分が考えていたこととズレていないか?
だれかをキズつけていないか?
大事なことをわすれていないか?

走っていると見えないことでも
スピードをゆるめると見えてくる。
そこで、はじめて、わかること、気づくことがある。
ときどき確かめることで
自分の思い、意志を再び見つめることもできる。

確かめること。
立ち止まってふり返ってみること。
スピードを落として、見直してみること。
そして、自分のいる場所を確認すること。

step 26

背のびする

背のびする。
ちょっと遠いところに目標をおいてみる。
手を、すこしだけ、高いところにのばしてみる。

ムリをしすぎることはないけれど、
かんたんなことばかりしているのなら
ときどき、背のびをしてみる。
いつもよりほんのすこし、がんばってみるのは、たのしい。
できそうにない、と思っていたことができたり
あこがれで終わっていたことにちかづけたり。

こどもが背のびをして、大人のマネをするうちに
どんどん大人にちかづいていくように
夢も、背のびをしているうちに理想にちかづいていく。

背のびをすることでわかることもあれば、
つぎにつながることもある。
いつも、いつも「このくらいでいい」は、もったいない。

背のびをすると、いままで見えていなかった世界が見える。
とどかなくても、ちがう世界があることがわかる。

step 27

環境を変える

環境を変える。
どんどん変わっていく自分のために。

まわりにいる人は、協力的？
ネガティブなことを言う人にかこまれていない？
まいにち、気持ちよくすごせる場所にいる？
体やこころによくないことをしていない？

もし、当てはまるものがあるなら
それは、自分にとって、いい環境とはいえない。

そういうときは、思い切って、環境を変える。
「よくない」と感じていることの
反対のことをすればいい。

ネガティブなことを言う人ばかりなら
そこから、はなれる。
気持ちよくすごせるように自分の空間を整える。
こころと体が「いい」と感じることをしていく。

人は、環境によって大きく変わる。
まわりにいる人にも強く影響される。

環境が変われば、自分も変わる。
自分が変われば、環境も変わる。

step 28

がっかりしない

できなくても、がっかりしない。

こうしよう、こうなりたいと思っても
できないことは、たくさんある。
毎回、毎回、がっかりしなくていい。

できる人を見ると
できない自分とくらべて、落ちこんでしまう。
うらやましいと感じるときもある。
だけど、だれかとくらべて、がっかりする必要はない。

できる人だって、はじめはできなかったかもしれない。
見えないところで努力をしているかもしれない。
目にする部分が、すべてではないのだから。

うらやましがっても、反対にがっかりしても、なにも変わらない。

できる人を見たら、いいところを取り入れればいい。
どうすればできるようになるのか、見ならえばいい。
その人にないものを自分のなかに見つければいい。
できないことを認めて、つぎに進めばいい。

もし、がっかりするようなことがあっても
その気持ちを長引かせない。
ずっと、がっかりしていても、いい方へはいかないから。

できないから、やっているということをわすれずに。
かなえたいことがあるから、つづけていることをわすれずに。
自分は自分と思えるように。

がっかりしている時間なんて、ほんとうは、ない。
その時間は、前に進むため
できるようになるための時間に使いたい。

step 29

出会う

人と出会う。大切な人と出会う。

まいにち、たくさんの人に会う。
そのなかに必要な人がいる。

出会ったときは、わからないかもしれない。
時間がすぎて、その人との出会いの意味を知ることがある。
そのときには、わからなかった言葉や行動が
ずいぶんあとになって、意味を持つこともある。
そのとき知る。必要な人と出会っていたこと。

すぐ、わかる人もいる。
思いを素直に話せる人。
いっしょにいると力がわいてくる人。
自分の力にもなり、その人の力にもなれる、そんな人。

必要な人と出会っていけるように。
いい方向へ連れていってくれる人と出会えるように。
人は、人で大きく変わる。

自分の思いがしっかりしていれば
ちゃんと、出会える人のところへいける。
目ざすところを見ていたら、その途中で、会える。

たとえ、そのときは、その出会いの意味がわからなくても
いつか、わかるようになるときがくる。

step 30

いるべき場所にいる

自分が気持ちよくいられる場所にいる。
力を発揮できるところ。
やりつづけていることが実をむすぶところ。
その場所にいる人たちが、
なにかをかなえるためにがんばっているところ。

反対に違和感があるところ。やりたいことができないところ。
まわりの人のやる気がないところ。
そういうところにいるなら、居場所を変える。
そういうところに長い時間いると
やる気がなくなってくる。
「もう、いいか……」とあきらめてしまうようになる。

自分と合う場所にいたら、力がわいてくる。
がんばっている人の姿を見たら
自分もがんばろうという気になる。
そういう空気は、知らないうちにつたわるから。

いるべき場所にいること。
その場所を探すこと。見つけること。

いまいる場所がちがうと感じたら
つぎへむかう勇気を持つこと。
探せば、自分の居場所はちゃんと見つかる。

step 31

いっしょに歩く

同じ方向を見ている人、目ざしている場所がちかい人。
そういう人といっしょにいる。

最初はひとりでスタートしたと思っても
歩いているうちに、ひとりではないことを知る。
同じようになにかを選び、つづけている人。
はじめた時期、方法はちがっていても
先にあるもの、思いえがく世界がちかい人。

同じ道は、歩かなくていい。
スピードだって、自分の速さでいい。
やり方も、自分の思うまま。
同じところを目ざしている、それだけでいい。

同じ思いを持った人が、ちかくにいると
自分がまちがっていないことを確かめられる。
新しい思いを話すことができる。
なにかのとき、勇気をもらえる。
もしかして、勇気をわたすことだってできるかもしれない。
大事なのは、いっしょに歩いている人、
思いを分かち合える人がいる、ということ。

前を見ている人といっしょにいるように。
自分もそういう人になれるように。
そして、いっしょに歩いていけるように。

step 32

時機を見る

がんばっても、時間をかけても
順調に進まないときはある。
やっても、やっても、から回りしてしまう。
言葉がとどかない。気持ちがとどかない。

そういうときは、
時機が熟していないのかもしれない。
から回りしてしまう原因を考えてみる。
とどかない理由を探してみる。
自分に原因がないとき
そんなときは、すこし、待ってみる。

自分のなかでほんとうの準備ができていないときもあれば
まわりの準備ができていないときもある。
もし、そうだったとしたら、すこしだけ待ってみる。
世界は、ひとりで、動いているわけではない。
だから、準備が整うまで……。

試しに、時機をずらしてみるだけで
「ここ」というときが、くるかもしれない。
タイミングは、大事。
それで止まっていたことが、変わることもある。

step 33

わすれる

思いが強すぎると、つかれてしまう。
これしか絶対にだめ、と思いこんでいるとき。
ひとつだけしか受け入れられなくなっているとき。
ひとりだけ、力が入っているとき。

そんなとき、ふっと肩の力をぬいて、わすれてみる。
やりたいことも、かなえたいことも、1度。

寄り道をしてみたり、ちがうことをはじめてみたり
ちょっと休んで、息ぬきしてみたり。

肩の力をぬいて、ふうっと深呼吸して
気持ちに風を通したら
なんで、ひとつのことにこだわっていたんだろう、と
不思議に思うことがある。
ほかのことを受け入れる余裕がなくなっていたことに
気づくこともある。
体とこころが、カチカチに固まっていたことがわかる。

1度、わすれて、気持ちを変えて
それから、また、はじめればいい。
いつだってはじめられる。大丈夫。

こころに余裕ができたら
以前は、進まなかったことが、できるようになることがある。
受け入れる範囲が広がれば、つづけていけることもある。

かなえたいことをかなえるためには
ときには、わすれることも必要。

わすれても平気。
また、はじめればいいのだから。

step 34

学ぶ

うまくいかないとき、つまずいてしまうとき
そんなときは「学ぶための時間」。

うまくいかなくなることで、わかることがある。
見えてくることがある。

困っているときに手をさしのべてくれる人。
はげましてくれる人。
いいときは、そういう人の存在に、なかなか気づけない。
でも、ほんとうにつらいとき、支えてくれる人は、大切な人。

大変なとき、つらいとき、
自分を思ってくれる人に気づけたら
大事にしていきたいもの、大切なものが、なにかわかる。

当たり前にあると思っていたことも
うまくいかなくなって、はじめて、恵まれていたことだと気づく。
いままで感謝できなかったことに感謝できるようになる。
見すごしてきたことを見つめることができる。
あたたかい言葉のやさしさを知る。

うまくいってくれるほうが、もちろん、いい。
だけど、うまくいかないことも、ムダにはならない。
「学ぶ時期」にしていけるから。
それは、神さまが「学びなさい」と言ってくれている時間。

大切な人に出会うため。
大事なことを知るため「学ぶ時間」はある。

step 35

やり方を変える

やり方は、ひとつだけではない。
いろいろな方法が、人の数だけある。

ある人に合っていることが、自分に合わないこともあれば
自分に合うことが、ほかの人にいいとは限らない。
教えてもらったやり方がいいときもあれば
自分で見つけて、やるほうがいいときもある。
ひとつだけ……と決めつけたりしない。
だから、やり方を変えてみる。考えてみる。

やり方にこだわるのもひとつ。
だけど、ほかにいい方法があるのに
こだわりすぎて進めなくなるのは、もったいない。
もっと、いい方向へいけるかもしれないのに
試してみないのも、もったいない。

なにかをはじめるときに、ふみ出すとき、不安なように
やり方を変えるときも、心配になる。
いままでやってきた慣れていることを手放すのだから。

時間がどんどん流れて、まわりが変わっていくように
ずっと同じ方法でいられないときがある。
思いは変えなくていい。かなえたいことも変えなくていい。
変えるのは、やり方だけ。

やり方を変えるのは、スタートラインを自分で引き直すこと。
夢へむかう道をすこしだけ歩きやすいようにすること。
そこから、また、思うところへむかって進んでいけばいい。

step 36

しあわせになる

しあわせになるために夢をかなえる。

時間をかけて、歩いていくのは、しあわせになるため。
たのしく、自分らしく、すごしていくため。

夢にちかづくにつれ、しあわせから遠ざかってしまわないように。

時間がなくて
大切な人といっしょにすごせない。
なにかを得るために、もっと大切なものを手放してしまう。
いそがしすぎて、こころと体をこわしてしまう。
そのあと、残るものは?

夢をかなえるのは、しあわせになるため。
そのことをわすれないでいたい。
自分にとって、なにがしあわせか——。
大事なものをなくしてまで、夢にこだわることはない。

夢をかなえるのは、しあわせになるため。
そのことをわすれないでいたい。

step 37

最初にもどる

まよったとき、わからなくなったとき
そういうときは、最初にもどる。
スタートしたところ。
「こうなりたい」とはじめに思ったところ。
1歩、ふみ出した場所。

時間がすぎると、いろいろなものが変わっていく。
自分も変わる。まわりも変わる。
そのなかで、いくつかのものが、からまってしまう。
最初は、シンプルなものだったのに。

そうなってしまったら、最初にもどる。
そこにもどって、ほんとうに必要なもの
大切にしたいものを確かめる。

複雑にからみあって見えても、大切なものは、わかるはず。
からまってしまったもののなかから
大事なものをたぐり寄せればいい。

まよったとき、わからなくなったときは、1度、もどってみる。
最初にえがいた思い。
自分がほんとうにやりたかったこと。
かなえたかったものがあるところまで。

そうすれば、まよっていても、なにか見えてくる。
進む方向が、わかってくる。

step 38

リセットする

はじめに思いえがいた夢。
「こうしたい」と決めたこと。
「こうなるように」とスタートしたこと。
それにむかって、時間をかけて、進んでいく。

でも、時間を経るうち
進んでいる方向がズレてしまうことがある。

「こうしよう」と思っていたのに
どこからか違和感を感じてしまうとき。
だれかとなにかを進めるうちに、考えや行動が、
ちがってくるとき。
いいと思ってつづけていたことが
「ちがうかもしれない」と思いはじめたとき。

違和感がある、と思ったときは、リセットする勇気を持って。
「ここまできたのだから」
「ここで言い出せない」と思わずに。
それは、はじめるときより、勇気がいることだけれど。

思いえがいたものにちかづくために
自分の夢にちかづくために、ときには、リセットも必要。

夢の計画表は何度でも書き直せる。
さいごにうまくいけば、それでいいのだから。

step 39

声を聞く

体の声を聞く。
いそがしいとき「休んで」と言っている声。
気がつかないうちに自分を追いこんでいること。
ムリがつづいているとき。
「いままでとちがう」「すこし、おかしい」
声を聞いたら、感じることができる。

夢がかなっても、人生はずっとつづいていく。
夢はかなったけれど、
体も、こころも、つかれてしまったら……。

自分のなかの声を聞いて、自分で気づけるように。
ムリなら、だれかに助けてもらえばいい。
いまいる場所からちがうところへいけばいい。
自分で自分を守るだけ。

時間が解決してくれることは、たくさんある。
体とこころが元気になれば、また、はじめられるときがくる。
自分の体、気持ちを守ってあげられるのは、
最後には、自分しかいない。

声を聞く。ちいさな声を。
無視しないで。
それは、夢をかなえるくらい大事なこと。

step 40

いつでもはじめる

いつでもはじめられる。
はじめることをためらうことはない。
おそい、なんて思わなくていい。

思ったとき、やろうと思ったときが、その人のスタート。
「いまさら」と思うこともなければ
「おそすぎる」と考えることもない。
だれかに、なにかを言われて気にすることもない。
なにかを言う人は、早くてもおそくても、言う。
いつでもできるし、いつでもはじめられる。

スタートがおそいのは、
準備する時間が長かっただけのこと。
自分のなかの気持ちに気づくのに時間がかかっただけのこと。

夢をかなえることは、性別も、年齢も、肩書きも関係ない。
大事なのは、思いをかなえたいという気持ち。
できるだけやろうとする思い。
だから、いつでも、はじめられる。
やりたいと思うことがあるなら
そのときが「ちょうどいいとき」。

step 41

遠くを見る

かなえたいことは、遠くにあるほうがいい。
そのほうが、遠くにいけるから。

遠くを見ていると、視線も遠くなる。
その分、広い範囲が見わたせるようになる。
いろいろなものが見えるようになる。
遠くの場所にたどり着くには、時間がかかる。
その分、たくさんのことに出合える。
たどり着けるだけの自分になれる。

遠くにいけたとき、かなえたいことをかなえられたとき
その歩いてきた時間も、距離も
自分にとって、かけがえのないもの。
時間をかけてやってきたことが
自分を強く、大きくしてくれる。

できること、ちいさなことをしていきながら
目的地は、遠くへ。
視線は、遠くへ。

遠くを見ていれば、進んでいく道がわかりやすい。
まようことだって、少なくなる。

遠くにいる自分を想像してみる。
夢にちかづいている、自分を思いえがいてみる。
その姿を思いうかべると
「よしっ」という気持ちがわいてくる。

step 42

よりよくなる

夢をかなえるのは、以前より、よくなるため。

夢をかなえて、自分も、身近な人も
しあわせから遠ざかってしまったら
それは、なんのための夢なんだろう？

自分が、よくなっていくため
ちかくにいる大切な人と
しあわせになっていくため夢はある。

迷ったとき、走りつづけているとき
そのとき、そのときの自分をながめてみる。
前より、よくなっているか。
しあわせになっているか。
わらっていることがふえているか。

「いい」と思えるなら、その道はまちがっていない。
そのままつづけても、だれもキズつかない。
自分もキズつかない。
だけど、反対に「前の方がよかった」と思うなら
なにかを変えていく必要がある。

前のほうがよかったなら、もどしていく。
キズついている人がいるなら、キズつかないようにしていく。
たのしくないなら、たのしくいられるようにしていく。
ギスギスしているなら、原因を取りのぞく。

むずかしく考えることはない。
前より、すこしでも、すこしずつでも
よくなっていれば、それでいいのだから。

step 43

充ち足りる

「これでいい」
満足できるこころを持つ。
そうでないと、いつまで経っても、どれだけ手にしても
もっと、もっと、となってしまう。

充ち足りるのは、自分をみとめて、受け入れること。
「大丈夫。これで充分」と言ってあげること。

砂にたくさん水をかけても、うるおわないように
こころも同じようになってしまう。
どんなに水をかけても
うるおわずに、もっともっととなってしまう。

水をかけたら、きちんとうるおって
なにかが育っていく土のように、
そういう土になれるように、自分で自分をつくっていく。
豊かな土は、自分もうるおい、ほかのものもうるおせる。
なにかを育んでいける。

充ち足りるということは、そういうこと。
自分も、ほかのものも
しあわせな思いで充たしていけること。

step 44

だれかのためにする

だれかの役に立ちたいという思い
なにかできるはずという気持ち
自分の持っている力を使いたいということ。
それは、自分も、ほかの人もしあわせにする力がある。

だれかのためにと思ったことが
自分のしあわせにつながることがある。
自分のために、と考えていたことが
知らないうちにだれかの役に立つこともある。
そのとき、わかる。
だれかのため……ということの意味。

この世界は、目の前にあることだけが
存在しているわけではない。
はなれていても、直接、知らなくても
多くのものが、関係しあっている。
だけど、まわりが見えないと
自分のことだけで精一杯になってしまう。
自分の先にあるものにこころがいかなくなってしまう。

どこかで、つながっていることをおぼえておくと
「自分だけ」とは、思わなくなっていく。

自分のためでもあり、だれかのためになること。
だれかのためでもあり、自分のためでもあること。
この世界には、そういう夢もある。

step 45

大切にする

大切にする。
「夢なんて……」と思わずに。

「そんなもの」と思っていたら
ほんとうに、そんなものになってしまう。
「大切にするほどのものでもない」と感じていたら
どんどん大事にしなくなっていく。

自分のことを大切にするように夢も大切にしたい。
自分が思いえがいたものなのだから。
自分のなかから、生まれたものなのだから。

現実と夢はちがうかもしれない。
だけど、ちかづけていくことはできる。
現実と夢の境界線をなくしていくことはできる。
「夢は夢。現実は現実」と思っていたら
いつまでたっても、その溝はうまらない。

大切にすれば、大切にできるようになっていく。
大切ならば、かなえようと思うようになっていく。

自分のなかから生まれた思いは、自分自身。
自分を大切にすれば、自分の夢も大切になっていく。

step 46

終わらせない

夢は終わらない。
はじめは、「あんなふうになりたい……」と思っていたこと。
かなうころになると、新しい「あんなふうに」に出合う。

そして、また、はじまる。
別のスタートラインを自分で引く。

つぎにかなえたいこと、新しい思いが
つぎつぎ、わいてきて。

いままでやってきたことにつづく新しいこともあれば
まったく別の新しいこともある。
どちらでもいい。
自分にとって必要だから、出合う夢。
新しい自分になっていくために必要な夢。

結果をだしても、時間をかけてかなえたことがあったとしても
思いは、終わることなく、つづいていく。
夢は自分自身だから。

だから、夢は、終わらない。
夢は、終わらせない。

step 47

成長する

なにを感じて、考えて、どう変わっていくか――。

もしかしたら、夢をかなえるほんとうの意味は、
自分が変わっていくことにあるのかもしれない。

夢をかなえるのは、人として成長すること。
人として成長するために
かなえたいものがあるのかもしれない。

夢をかなえるためにすることは
1段、1段、階段をのぼっていくようなもの。
あきらめない気持ちを持つこと。
大切なものを知ること。
自分のできることをしていくこと。
ふみ出す力を持つこと。
立ち止まる勇気を持つこと。

ひとつひとつできることをして、夢にちかづいていく。
その時間のなかで、たくさんのことを学べる。
それまで知らなかったこと、考えなかったことを
知り、考えるようになる。

自分が成長するために夢はある。
夢があるから、成長していける。

step 48

広げていく

手にしている思いがかなったら
その思い、しあわせを、まわりの人にわたしていく。
自分だけ、自分たちだけ……と思わずに。

自分で手に入れたものだけれど
どこかで、だれかに助けてもらっている。
与えてもらっている。
だから、しあわせを手にしたら、どんどん広げていく。
わたしていく。

思っていた以上のものを手にしたら
がんばっている人たちにその思いをわける。
困っている人を助ける。必要なものをわたす。
ちいさなことでいい。

広がっていくことで
自分の夢が、もっと遠く、たくさんの人につたわっていく。
しあわせをふやしていける。

しあわせを広げていくことは
また、別の新しいしあわせを生む。
だれかの夢をかなえる手つだいになる。

自分のしあわせを、だれかと、どこかで。
夢をかなえたあとにもできること。
しあわせを広げていくことが、だれかのしあわせに。
自分のしあわせに。

step 49

感謝する

感謝する。
うまくいったこと、いかなかったこと。
自分に起きたすべてのことに。

うまくいったことも、いかなかったことも
すべて、自分のこと。
自分の時間。自分の人生。

うまくいったことは、感謝しやすい。
たとえ、うまくいかないことがあったとしても
それも、自分の一部分として、受け入れる。
自分のなかになにかを残してくれるものだから。

すぎたこと、起きたこと、これから出合うこと。
そのすべてに感謝できたら……。

なにかを選び、つづけていられることも
迷えること、立ち止まること、その時間があることも。
やりぬく力、つづける意志
その体、こころがあることも。

自分ひとりでは、ほんとうは、なにもできない。
なにも成り立たない。
いま、ここにいられるのは
たくさんの力があるから。

だから、感謝する。
自分に起きるすべてのことに。

step 50

願う

夢がかなうことで
世界にどんなふうに役に立つか
人にどんなしあわせをもたらすか
そのことを思いうかべる。
たとえば、なにかがあることで、だれかの助けになる
役に立つ、元気になる、充ち足りる、そういうこと。

つぎに、それによって
自分がどのような「しあわせ」をかなえられるか
そのことを思う。
やりたいことがかなう。
つぎへつなげていける。
なりたい自分にちかづける。
成長できる。
そんなことの数々。

そして、最初に思いえがいた「世界にとっていいこと」と
「自分にとってしあわせなこと」をつなげて考える。
だれかがしあわせになることで、自分がしあわせになること。
自分がしあわせになることで、ほかの人がしあわせになること。
だから、その夢がかなうことが大切、と。

それから、自分がその夢に対してできることのすべてをする。
願うと同時に、できることをしていく。
待っているだけではなく、現実にできることをするのが大事。

あとは、こころのなかに
その夢を思いえがいて、空にむかって願ってみる。
みんなが、自分が、
しあわせになっているところをイメージして。
まいにち、時間があるときに
こころをしずかにして、ひとりで願う。

願うとき、大切なのは、自分だけがしあわせになるのではなく、
世界が、みんなが、そして、自分がということ。

これが、夢のかなえ方のひとつの方法。
やれることをやってから、空にむかって願うこと。
自分のために、みんなのために。

あとがき

step50「願う」は、わたしがやっている願い方です。
「こういうふうにしてみたら」
と、ある人から教えてもらったことです。

かなうか、どうかは、わかりません。
でも、わたしは、この方法の
「自分をふくめ、みんなが……」というところが、
とてもすきです。
だから、なにか、かなえたいことがあるときは
このやり方で、空にむかって願っています。

すべての願いが、とどくとは思っていません。
でも、わたしにとって必要な願いがそのなかにあれば、
かなえられる、と思っています。

自分ができることを、考えて、工夫して、やってみる。
それが、まず大切。
その上で、なにかの力をかしてもらえるなら
それは、お願いしてもいいかな……。

自分の夢がかなってしあわせになるように
まわりの人、ほかの人もしあわせになるなら――。
同じように夢がかなうなら、できれば、そのほうがいい。
いつしか、そう考えるようになりました。
もしかして、そんなふうに考えられる人でいたいから
この方法を選んでいるのかもしれません。
自分自身に言い聞かせているのかもしれません。

今日も、また、空にむかって、願いをつたえます。
わたしの夢がかなうように。
みんなの、たくさんの人の夢が、かなうように。

いっしょに夢を育てて、かなえていきましょう。
いつか、それぞれの人の夢がかなって
大きな実をむすびますように……。

読んでくれて、ありがとう。

dream

2008年9月30日　第1刷発行

著者　廣瀬裕子《ひろせゆうこ》
発行者　大谷和之
発行所　株式会社　集英社
〒101-8050 東京都千代田区一ツ橋2-5-10
電話　編集部 03（3230）6141
販売部 03（3230）6393
読者係 03（3230）6080

印刷所
製本所　図書印刷株式会社

ISBN978-4-08-781404-0　C0095